Arthur Desjardins

Le Droit des gens et la Loi de Lynch aux États-Unis

Droit

ISBN : 978-1721548163

10 9 8 7 6 5 4 3 2 1

Arthur Desjardins

Le Droit des gens et la Loi de Lynch aux États-Unis

Droit

Table de Matières

Introduction

Le 15 mars 1891, on apprit en Europe que la Nouvelle-Orléans venait d'être le théâtre d'un drame sanglant. Beaucoup d'Italiens, dont un assez grand nombre se sont fait naturaliser Américains, habitent cette ville, où ils s'emploient à toute espèce de travaux. Dix-neuf d'entre eux, originaires de la Sicile, impliqués dans l'assassinat d'un nommé David Hennessy, chef de la police, avaient été renvoyés devant le jury de jugement. Quelques-uns étaient acquittés ; pour d'autres, le jury ne s'était pas mis d'accord et la justice devait surseoir ; d'autres enfin n'avaient pas encore comparu. Onze sur dix-neuf venaient d'être arrachés à leurs juges naturels, et massacrés dans leur prison par un certain nombre d'hommes armés. A la suite de cette odieuse exécution, plusieurs *meetings* avaient été tenus au Bureau du commerce, à la Bourse du coton, à la Bourse du sucre, à la Bourse des fonds publics, et l'on y avait hautement approuvé la conduite des exécuteurs.

Cette nouvelle surprit la plupart des Français, persuadés, sur la foi de quelques écrivains, que le *lynchage* avait cessé d'être à la mode. Mais elle étonna particulièrement les jurisconsultes, d'autant plus désappointés qu'ils avaient mieux étudié la législation des États-Unis et plus souvent félicité le peuple américain de protéger si complètement la liberté de l'individu, les intérêts légitimes des accusés, les droits sacrés de la défense. En effet, les Américains ont importé d'Angleterre le *writ of habeas corpus*, c'est-à-dire le privilège pour le détenu de réclamer en tout temps son élargissement, lorsqu'il peut établir l'illégalité de sa détention, et ce *writ*, généralement accordé par les juges des états particuliers, peut l'être exceptionnellement par les juges fédéraux [1], soit qu'on allègue de part ou d'autre la violation de la constitution ou des traités, soit qu'il s'agisse d'un étranger et qu'on revendique pour ou contre lui les principes du droit des gens. Quand on annonce une mort accidentelle ou violente, un fonctionnaire du comté, le *coroner*, se rend immédiatement sur les lieux, assisté d'un jury qui, sur l'inspection du corps et après avoir recueilli les renseignements nécessaires, constate sous forme de verdict les causes probables de l'événement. Au début de l'information criminelle, on rencontre, aux Etats-Unis, le *grand jury*, chambre d'enquête et d'accusation, complètement indépendant de toute magistrature à partir du moment où le président de la cour lui a remis les dossiers, recruté dans plusieurs états, par exemple au Vermont, au Connecticut, dans la Virginie, parmi les hommes les plus estimés du pays : institution imaginée en Angleterre pour protéger les citoyens contre les poursuites injustes ou frivoles du pouvoir royal, maintenue en Amérique, ainsi que l'a très bien expliqué l'illustre jurisconsulte Story, comme une barrière aux vengeances individuelles et aux entraînements populaires : c'est ce jury qui peut, seul, consacrer par son vote approbatif l'acte d'accusation (*indictment*), préparé par le *prosecuting attorney* [2]. Plus tard, quand le jury de jugement se réunira, son verdict ne pourra se former que par l'accord de tous ses membres. Enfin cette garantie même n'est pas jugée suffisante et la loi permet encore à l'accusé, dans plusieurs états (à New-York, par exemple), quand le verdict vient d'être prononcé, d'interpeller tour à tour chacun des jurés, pour s'assurer que ce verdict collectif exprime exactement son sentiment individuel. Appréciant cet ensemble d'institutions tutélaires, l'Américain Webster l'oppose à l'apparente simplicité des lois qui régissent les états despotiques : « Notre système complexe, plein de restrictions et de contrepoids aux pouvoirs législatif, exécutif et judiciaire, dit-il, constitue autant de sauvegardes pour les droits et les intérêts individuels : celui-là est libre, qui est défendu contre l'injustice. »

Fier langage ! Mais il n'est pas facile de concilier les belles théories avec de sauvages pratiques. Le *writ of habeas corpus* est bien inutile aux détenus, si le premier venu peut les pendre avant qu'ils aient adressé leur requête au juge compétent ; l'institution du grand jury mérite tous les respects, mais pourvu que la force brutale ne supprime pas du même coup, au cours de l'enquête, l'accusation et les accusés. S'il faut en croire les feuilles américaines, un de ces personnages considérables que la presse interroge de temps à autre pour les amener doucement à faire connaître au public des deux mondes leurs pensées les plus secrètes, sir E. J. Phelps, ancien ministre des États-Unis à Londres, se serait exprimé, le 10 avril, dans les termes suivants : « Le procédé suivi par les citoyens de la Nouvelle-Orléans contre la *Mafia* est justifiable : quand la justice régulière a mal fonctionné, la loi de Lynch ouvre au peuple une voie de recours légitime. » Ce discours, où tant de choses sont dites en peu de mots, nous a donné beaucoup à réfléchir. Qu'est-ce donc que cette loi supérieure aux lois ?

Section I

D'après l'opinion la plus accréditée en France, John Lynch fut un Irlandais qui exerçait au XVIIe siècle les fonctions de *chief justice* dans la Caroline du Sud. Comme les tribunaux ordinaires étaient impuissants à réprimer tous les brigandages et particulièrement les dévastations commises par les esclaves fugitifs, ses concitoyens lui auraient conféré soit en matière civile, soit en matière criminelle, un pouvoir absolu. A la fois législateur et juge, il usa, dit-on, de son droit souverain avec une vigueur extraordinaire, faisant exécuter séance tenante les criminels pris en flagrant délit, ou ceux dont la culpabilité n'était pas douteuse. Cette version nous paraît fort suspecte. La Caroline du Sud, composée des éléments les plus hétérogènes, eut à vrai dire, pendant les quarante dernières années du XVIIe siècle, une existence agitée : à partir de 1671, elle importa des îles Barbades un certain nombre de nègres qui furent traités durement et tentèrent plus d'une fois de secouer le joug ; dans la même période, les colons entrèrent en lutte permanente avec les Indiens « qu'ils provoquèrent à plaisir, disent les historiens, pour en faire des prisonniers à vendre comme esclaves ; » enfin, à dater du moment où ces mêmes colons cessèrent d'être les complices intéressés des pirates, ils leur déclarèrent une guerre impitoyable. Mais, si l'histoire a conservé le souvenir précis des attentats commis par les pirates et des exécutions vengeresses prescrites par les pouvoirs publics de la Caroline [3], si les noms et les actes de Yeamann, de Colleton, de Seth Sothel, de Ludwell, nous ont été fidèlement transmis, Lynch est insaisissable : aucun document ne nous révèle quand et comment il aurait dirigé l'administration de la justice pénale. Toutefois Lossing persiste à croire, dans son *Encyclopédie populaire de l'histoire américaine*, que ce mystérieux personnage fut un fermier carolinien, mais appartenant à la Caroline du Nord : il n'aurait pas été régulièrement investi de fonctions judiciaires, et se serait érigé lui-même en grand juge à une époque où les lois coloniales réprimaient imparfaitement la mauvaise conduite des Indiens ou des nègres, et n'aurait pas craint d'exécuter sommairement ceux qu'il croyait coupables. Enfin quelques auteurs ont prétendu que la loi terrible était appliquée en Irlande dans les temps les plus reculés et que sa dénomination la rattachait non à un colon de la Caroline, mais à un magistrat d'une vieille souche irlandaise [4].

La loi de Lynch, quelle qu'en soit l'origine, a jeté de profondes racines dans le sol américain. Ce phénomène historique paraît d'abord d'autant moins explicable qu'il contraste avec le respect affiché par la race anglo-saxonne pour la liberté des individus et pour les droits des accusés. Il surprend moins ceux qui réfléchissent au développement progressif de la grande république. Ainsi, lorsque la célèbre ordonnance de 1787 organisa les premiers territoires du Nord-Ouest, qui devaient se transformer plus tard en cinq états importants : l'Ohio, l'Indiana, l'Illinois, le Michigan, le Wisconsin, elle assura sans doute par un texte formel l'exercice de la liberté individuelle, le jugement par jurés dans toutes les affaires criminelles, le droit pour les inculpés de fournir caution, et défendit aux juges de prononcer des peines inusitées ou cruelles, mais réserva l'exécution de ces mesures pour la période où des « états » succéderaient à l'organisation provisoire. En attendant, il fallut bien pourvoir à l'administration de la justice, et le congrès ne croyait pas même pouvoir instituer sur-le-champ des juridictions : il se bornait donc à conférer aux gouverneurs des attributions vagues en les autorisant à créer des *townships* (communes) et des comtés, sur les terres affranchies du titre indien, sauf modifications ultérieures par les législatures locales à partir du moment où la population d'un district deviendrait assez nombreuse pour élire une chambre des représentants. Il est aisé de concevoir que cette période de tâtonnements fut extraordinairement favorable au développement du *lynchage*. Une société, même en voie de formation, ne peut pas se passer de justice. Comme aucune somme n'était inscrite soit au budget fédéral, soit aux budgets locaux rudimentaires du *North West Territory*, pour payer des juges, et qu'il n'y avait pas moyen de constituer sur-le-champ des tribunaux réguliers, un certain nombre d'individus devaient se grouper et se groupèrent pour la défense des personnes et des propriétés. Cet usage s'accrut et se propagea nécessairement à mesure que la république des États-Unis s'étendit vers le Far-West, dans ces vastes et lointaines régions dont la population était clairsemée, aussi dépourvues de gendarmerie que de magistrature. Divers citoyens, en nombre croissant, s'improvisèrent à la fois juges, gendarmes et bourreaux. James Bryce explique, dans son *American commonwealth*, que les communautés à peine installées trouvaient une économie sérieuse à prendre ainsi leurs propres intérêts en main (*take care of themselves*), au lieu d'organiser une défense régulière et publique. C'est une raison toujours grave au-delà de l'Atlantique, mais particulièrement décisive dans les pays qui n'ont pas encore de finances.

Rien ne peut mieux faire comprendre comment la loi de Lynch apparut à un moment donné dans certains états de l'Union que le récit des événements accomplis en 1851 à San-Francisco. Un flot impur d'immigrants avait envahi la Californie ; une horde de malfaiteurs infestait le pays et les meurtres se comptaient par centaines sans qu'une condamnation à mort eût été prononcée. A la fin de février, deux bandits étaient entrés dans un magasin pour voler le marchand, l'avaient assailli à coups de casse-tête et s'étaient enfuis, le croyant mort, avec 2,000 dollars. La population, dès l'arrestation des meurtriers, manifesta l'intention d'enlever la direction du procès criminel aux juges qu'elle avait sans doute élus, mais qu'elle croyait lâches ou vénaux. Un premier comité fut nommé tumultueusement et constitua sur-le-champ un jury, mais n'alla pas, cette fois, jusqu'au bout, parce que ces jurés mêmes ne s'entendaient pas, et laissa reprendre sa proie par la justice. Trois mois plus tard, un incendie qui succédait à beaucoup d'autres ayant réduit en cendres les trois quarts de la ville, un second comité, dit *de vigilance* et composé d'abord de quatre-vingts membres, se forma sous la présidence d'un certain Brannan, « pour empêcher qu'aucun malfaiteur n'échappât au châtiment par la faute de la police ou de la justice. » La *Revue* a raconté dans sa livraison du 1er février 1859 la première exécution sommaire qu'il ordonna, l'histoire abrégée de sa dictature, l'inutile résistance des autorités régulières, la formation d'associations semblables dans les autres villes de la Californie : Stockton, Marysville, Sacramento, etc., les effets de leur action simultanée, la prompte expulsion des malfaiteurs et l'assainissement moral du pays, enfin la reconstitution du comité de San-Francisco, formé cette fois de 5,000 membres, en

1856, à la suite de divers crimes impunis, avec son cortège obligé de visites domiciliaires, de jugements sommaires et sans recours, de pendaisons et d'expulsions arbitraires. Ce nouveau comité de vigilance, après avoir bravé pendant quelques mois le courroux et les injonctions du gouvernement fédéral, eut la sagesse d'abdiquer, comme celui de 1851, quand il crut sa tâche accomplie. Mais l'impulsion était donnée et plusieurs associations analogues qui se formèrent dans les États du Sud n'imitèrent pas cette modération.

Si plusieurs écrivains, comme Hepworth Dixon et James Bryce, ont pu, non justifier entièrement, mais peut-être expliquer d'une façon plausible l'odieuse pratique des jugements et des exécutions sommaires par la difficulté de constituer des juridictions régulières à l'origine, dans les Etats en voie de formation, il faut avouer que leurs explications deviennent de moins en moins convaincantes à mesure que les anciens territoires se transforment en États proprement dits, s'enrichissent et se civilisent. Cependant Bryce, après avoir parlé du *lynchage* comme d'une coutume motivée par l'état des mœurs et l'imperfection des moyens de répression dans le *Far-West*, est aussitôt contraint d'ajouter : « La loi de Lynch n'est pas inconnue dans des régions plus civilisées, telles que l'Indiana, l'Ohio, même le Western-New-York. » Il n'est pas difficile de constater avec M. Claudio Jannet que les exécuteurs du *Far-West* ont trouvé des émules dans la Virginie, le New-York, le Maine, « le Massachusetts lui-même, l'État modèle. » Grave désordre, un peu trop laissé dans l'ombre, à notre avis, par les panégyristes de la république américaine, car il est essentiellement contraire à la notion même de l'Etat moderne comme aux principes élémentaires de la civilisation qu'on maintienne côte à côte deux justices : l'une, publique, rendue au nom de la nation ; l'autre privée, rendue par quelques individus au nom d'une minorité. Il est encore plus intolérable que les agents de cette justice privée fassent violence aux pouvoirs délégués par l'universalité des citoyens, enfoncent les prisons publiques et mettent à néant les arrêts de la justice régulière. C'est pourquoi nous avons eu la curiosité de rechercher comment un si grand pays, doué d'un tel sens pratique et si fortement épris de la liberté, pouvait supporter une pareille confusion. Nous avons recueilli sur ce point tous les renseignements possibles en interrogeant de préférence les hommes qui connaissent le mieux les institutions américaines et sont le moins disposés à les déprécier. On nous a d'abord appris qu'il n'y avait pas d'autre moyen d'intimider les noirs et de calmer leur effervescence. Ces gens-là préfèrent, paraît-il, les blanches aux femmes de leur propre couleur : il n'est pas de piège qu'ils ne soient disposés à tendre, ni de violence qu'ils ne soient prêts à commettre pour assouvir leur passion. Autrefois, les nègres étaient soumis à des pénalités particulières. En Virginie, par exemple, on comptait soixante et onze natures différentes de crimes, qui, pour eux, entraînaient la peine de mort, tandis que, dans les mêmes circonstances, les blancs étaient condamnés à l'emprisonnement : dans l'État du Mississipi, trente-huit de ces offenses ou du moins la plupart d'entre elles ne motivaient l'application d'aucune peine contre les blancs ! Dans la Caroline du Sud, la Virginie et la Louisiane, l'homme de couleur non émancipé pouvait être privé de la vie sans intervention du jury d'accusation ni du jury de jugement [5]. Mais, après la guerre de rébellion, trois amendements à la constitution de l'Union américaine conférèrent aux nègres, après les avoir affranchis, les mêmes droits civils et politiques qu'aux blancs, sans réserve. Il faut cependant défendre à tout prix la pudeur et l'honneur de la femme blanche contre de monstrueux attentats. L'indulgence des lois et la mollesse des juges sont une prime au viol. La perspective évidente et palpable d'une mort prompte, terrible, sans phrases, peut seule conjurer le péril [6].

Après et peut-être avant les attentats contre les blanches, il y a les vols de chevaux et de bœufs dans l'Ouest et dans le Sud-Est. Nous ne comprenons pas exactement, en France, quelles colères ce genre de déprédations excite chez les éleveurs et chez les *ranchmen*. « L'opinion publique est beaucoup plus sévère pour les vols de chevaux que pour les meurtres, » a dit Hepworth Dixon dans sa *Nouvelle Amérique*. Ces vols sont très fréquents : la surveillance des *ranchs* est devenue difficile et coûteuse ; il a fallu doubler ou même tripler le personnel des *cow-boys*. Il y a, par exemple, dans les prairies du Dakota, des *herders* ou gardeurs qui doivent compter tous les jours les 500 ou 600 juments du troupeau. Quand une seule manque à l'appel, le *herder* relève sa piste et part à cheval dans la direction suivie par le ravisseur. Cette poursuite est très pénible et l'expédition peut se prolonger. Quand elle paraît dangereuse, on part en nombre. Une bande de voleurs de chevaux, conduite par un certain Murphy, parcourut l'État de Montana : les fermiers se liguèrent, la poursuivirent et l'acculèrent dans une île du Missouri : cinquante hommes furent pris et pendus sans forme de procès. Il faut lire dans le *Texas cow-boy* de Ch. Siringo le récit merveilleux d'une expédition dirigée à travers plusieurs États par des éleveurs contre un certain Billy-la-Chèvre, ancien bouvier devenu chef de bande, et qui enlevait, dans les prairies du Sud-Est, 700 ou 800 bœufs à la fois. Ce Billy finit par être arrêté, malgré la plus intrépide défense, et fut livré aux autorités du comté de Lincoln, mais ne laissa pas à ses adversaires le temps de le faire juger et s'enfuit en tuant deux de ses gardiens. On ne manqua pas de remarquer qu'un tel accident ne se serait pas produit si Billy-la-Chèvre avait été lynché. Hepworth Dixon raconte une autre expédition qui fut organisée à Denver contre un voleur de chevaux appelé Smith : cette fois, le voleur fut jugé sommairement, pendu de même, et la conscience publique n'eut plus à gémir. Il en est généralement ainsi.

D'ailleurs, il faut bien le confesser, les éleveurs, quelle que soit leur position dans l'État, ne sauraient être les seuls à perdre patience : la procédure ordinaire a, dans bien d'autres conjonctures, des lenteurs qu'une démocratie toute-puissante peut difficilement supporter. Il y a d'abord une instruction préparatoire dans laquelle les magistrats conservateurs de la paix publique (en général les constates et les juges de paix ou de police) interrogent l'inculpé contradictoirement avec le plaignant et le confrontent avec les témoins, puis une seconde instruction par le grand jury, lequel se réunit seulement sur la convocation du juge. Si la majorité requise n'a pu s'y former [7], rien n'empêche un autre grand jury convoqué plus tard de prononcer une mise en accusation contre le même délinquant pour le même délit. Puis, quand l'accusé comparaît devant le jury de jugement, comme la pratique n'admet point de jurés supplémentaires (sauf dans le Massachusetts), si l'un des titulaires se trouve empêché pendant les débats ou la délibération, toute la procédure est à recommencer. Il faut, en outre, avons-nous dit, que l'accord se fasse entre ces nouveaux jurés : à défaut d'unanimité, la cour les décharge et remet l'affaire à une autre session. Enfin, quand le verdict est rendu, trois modes de redressement appartiennent encore au condamné : le nouveau procès (*new trial*) dans cinq cas déterminés, la suspension du jugement (*arrest of judgment*)[8] et le *writ of error*[9]. Eh bien ! m'a-t-on dit, tout cela n'en finit pas, et, dans bien des cas, le peuple n'a pas le temps d'attendre ou n'est pas d'humeur à laisser traîner les choses. Il est le maître, après tout, comme le rappelait dans les premiers jours d'avril un télégramme assez irrespectueux de *Kansas-City* à M. Blaine, ministre des affaires étrangères : il fait les juges et les législateurs ; il faut donc que le gouvernement et la justice marchent à son gré. S'il lui plaît de ne pas laisser une procédure s'éterniser, son intervention devient légitime.

Enfin, poursuit-on, si le peuple intervient et se substitue aux juges, c'est que les juges se laissent corrompre. Cette accusation de vénalité, lancée par des centaines de journaux depuis un quart de siècle, portée vingt fois à la tribune du congrès, n'est pas seulement une arme aux mains des polémistes : il n'est plus un traité de quelque valeur sur les institutions des États-Unis qui ne la reproduise. Les *tales*, citoyens qu'on requiert au dernier moment pour compléter un jury et qui vivent de cette profession bizarre, comptent en général sur une rémunération occulte, et leur adjonction continuelle aux véritables jurés est signalée par les hommes compétents comme la plaie toujours saignante de cette démocratie. C'est dans un élan de réaction furieuse contre une telle corruption que Brannan fonda son premier comité de vigilance à San-Francisco. Un semblable mobile déterminait, il y a quelques années, le mémorable *lynching* du Missouri, où le peuple exécuta sommairement un juge et un *attorney* soupçonnés de connivence avec une bande de voleurs. Enfin, c'est à peu près le seul prétexte qu'aient invoqué les *lynchers* de la Nouvelle-Orléans pour justifier la sanglante échauffourée du 14 mars. Le *New-York Herald* du 18 mars nous apprend que les jurés s'étaient laissé corrompre. L'un d'eux, nommé Seligman, avait pris la fuite après le *lynch*, ce qui démontrait, croyait-on, sa vénalité. Cependant, il ne paraissait pas établi que tous les jurés eussent vendu leur vote et l'on inclinait à penser que les accusés s'étaient bornés à gagner la majorité. Un seul membre du jury, M. Mackeay, réclamait une enquête. Celui-ci révélait hardiment que le peuple avait le droit de soupçonner cinq de ses collègues, six jurés seulement (parmi lesquels il figurait) ayant voulu reconnaître la culpabilité des accusés Macheca, Scoffedi et Monasterio. Quatre jours plus tard, le même journal informait ses lecteurs que le *détective* O'Malley, chargé de recueillir les preuves à l'appui de la défense, après s'être caché pendant deux jours à la Nouvelle-Orléans, était parti pour le Texas : on supposait, en conséquence, qu'il avait remis lui-même l'argent aux jurés. Cependant le grand jury de la Nouvelle-Orléans consentit, au bout de dix jours, à faire comparaître MM. Parkerson et Houston, meneurs du *lynching*, mais on apprenait, le 25 mars, qu'il avait seulement rédigé deux actes d'accusation (*indictments*) pour corruption des membres du jury chargé de juger les meurtriers de Hennessy. Deux jurés et le détective O'Malley furent mis en accusation le 2 avril, ceux-là pour s'être laissé corrompre et celui-ci pour les avoir corrompus. On put longtemps se demander si cet admirable « grand jury » ne se croyait pas dispensé d'instruire contre les meurtriers du lu mars par cela seul qu'il ouvrait une enquête sur les faits de corruption, et l'Europe apprenait seulement à la date du 6 mai tout à la fois qu'il avait instruit réellement contre eux et qu'il refusait de sanctionner leur mise en accusation à raison des efforts faits pour suborner le jury auquel avaient été déférés les assassins de D. Hennessy.

Nous apprécierons un peu plus loin si toutes ces causes réunies peuvent justifier, aux yeux du monde civilisé, le maintien du *lynchage* sur le territoire de l'Union américaine.

Section II

Mais est-il bien utile d'approfondir cette question ? La civilisation, dit-on, marche là comme ailleurs, et le temps fera son œuvre. J'entendais même répéter, de divers côtés, qu'il l'avait déjà faite. En 1889, le baron de Mandat-Grancey, qui parle, sans le moindre préjugé, des mœurs américaines, écrivait que le *lynchage* lui semblait décroître aux États-Unis depuis qu'on y avait construit un certain nombre de prisons perfectionnées. C'était une opinion assez généralement répandue, et que d'autres m'ont exprimée, même depuis le 14 mars. Les journaux américains viennent de dissiper cette illusion en publiant, dans la seconde semaine d'avril, un tableau bien instructif. Ils comptent, en 1884, 103 exécutions légales contre 219 lynchages ; en 1885, 108 contre 181 ; en 1886, 83 contre 133 ; en 1887, 79 contre 123 ; en 1888, 87 contre 144 ; en 1889, 98 contre 175. Ainsi donc, l'œuvre de la justice régulière est, aujourd'hui comme hier, rejetée sur le second plan. M. de Grancey rappelait lui-même, dans un ouvrage antérieur (1885), qu'une soixantaine d'exécutions semblables avaient eu lieu dans un seul comté en moins de deux ans, et reconnaissait alors « que la loi de Lynch devient tous les jours d'un usage plus fréquent. » Ce qu'il y a d'incompréhensible, c'est que la barbarie, en cette matière, au lieu de reculer au contact de la civilisation, prévaut contre elle et tend à l'étouffer ; c'est que l'odieuse pratique, se propageant de l'ouest à l'est, ait gagné les états les plus policés. On explique cet étrange phénomène en remarquant tantôt que le propre de la démocratie est la haine instinctive de la police et de la milice régulières, tantôt que les anciens colons, ayant gagné leur indépendance à la sueur de leur front et au prix de leur sang, transmirent à leur descendance leurs mœurs farouches et violentes avec la soif de la liberté, tantôt encore que les Américains ont un goût dépravé, mais invincible, pour le spectacle d'une pendaison. Ce goût, par malheur, n'est pas moins vif à la fin qu'au début du siècle, ni même en 1891 qu'en 1885 : les hommes de bonne volonté n'ont jamais été plus nombreux pour démolir la prison au premier acte et pour tirer la corde au cinquième ; la foule (*mob*) applaudit ou vocifère avec la même fureur pendant que la victime est en l'air et s'agite dans les convulsions suprêmes.

D'un autre côté, s'il faut en croire quelques historiens bienveillants, la loi de Lynch se régularise et prend des allures plus correctes. L'auteur d'un dictionnaire populaire, qu'un de nos hommes d'état les plus célèbres citait naguère à la tribune du sénat, décrit ainsi la procédure du *lynchage*. Le coupable, après son arrestation, serait conduit sur la place publique, où la foule s'est réunie et délibère. Les magistrats interviennent en ce moment et demandent, au nom de la loi, que le coupable leur soit livré. Le président consulterait alors l'assemblée, qui voterait « par mains levées. » Si le vote est négatif, les magistrats se retirent en protestant. Les témoins à charge et à décharge seraient entendus. Après quoi, le président, s'adressant à la foule, demanderait qui veut prendre la parole en faveur de l'accusé. Quand un défenseur se présente, on l'écouterait, paraît-il, *en silence et jusqu'au bout* ; après quoi, la condamnation serait mise aux voix. James Bryce a cru pouvoir écrire, à son tour, cette phrase surprenante : « La loi de Lynch, quelque choquante qu'elle puisse paraître aux Européens, est actuellement dégagée de toute violence arbitraire (*far removed from arbitrary violence*). » C'est ce que nous allons voir. Il sera facile de juger, sur les documents mêmes de l'année 1891, si le lynchage est en voie de décroissance et si les progrès de la civilisation américaine en ont adouci l'horreur. Nos investigations remontent à la deuxième quinzaine de février.

20 février. — La scène se passe à Gainesville, dans la Floride. Des mesures ont été prises, annoncent les journaux américains, pour mettre un terme aux déprédations d'une bande d'*outlaws* qui infestaient la contrée. Jusqu'à cette date, toutes les tentatives de la police locale avaient échoué, quand elle réussit enfin à mettre la main sur deux de ces coquins ; mais la colère des citoyens (*the incemed citizens*) ne permit pas à la justice régulière de suivre son cours. Il faut dire que, dans la même semaine, des inconnus avaient blessé mortellement un nommé Mac-Pherson, dont la grange fut livrée aux flammes, et tiré plusieurs coups de fusil sur le docteur Philips, sans l'atteindre. Une escouade d'agents, conduite par le shérif, se mit en embuscade non loin du quartier-général et parvint à saisir un nègre nommé Champion, un blanc nommé Mike Kelly, qui passait pour être le chef des aventuriers. Comme on ramenait ce dangereux personnage à Gainesville, une foule indignée, qui paraît s'être portée à sa rencontre, résolut de le lyncher sans autre délai. Quelques hommes d'action passèrent un nœud coulant autour de sa tête, accrochèrent à l'arbre voisin l'autre bout de la corde. Quand le shérif réclama le prisonnier, une bataille fut imminente ; par bonheur, ajoutent les témoins, les fusils ne partirent pas. Le peuple ne tarda pas à prendre sa revanche. A minuit, un certain nombre d'hommes masqués se rendirent à la prison, s'emparèrent du directeur et des gardiens, les enfermèrent soigneusement dans des cellules, ouvrirent celles des *outlaws*, conduisirent ces misérables dans un lieu voisin et les informèrent charitablement qu'ils avaient vingt minutes pour recommander leur âme à Dieu. Ceux-ci furent pendus à l'expiration de ce délai. Le récit se termine par la phrase suivante : « La foule était si compacte qu'il fut impossible de reconnaître un seul de ceux qui participaient à cette exécution sommaire. »

23 février. — La scène se passe au village de Salina, dans le Colorado. Le conducteur de train J. Sullivan avait aperçu le nommé Riley volant du charbon. Il était allé droit au voleur : celui-ci l'avait tué net en lui logeant une balle dans la tête. Quelques personnes accoururent, poursuivirent et prirent le meurtrier. La prompte arrivée des autorités locales empêcha seule Riley d'être immédiatement *lynché*. Mais on décida d'attaquer la prison dès que la nuit serait venue. Vers huit heures du soir, une foule compacte et bien armée se présente, en effet, à la maison d'arrêt et réclame le prisonnier. Les gardiens refusent ; la foule (*mob*) tire des coups de feu, les autres ripostent et blessent deux des assaillants. La foule paraît se calmer et se retire, mais pour quelques moments, et revient plus nombreuse, plus acharnée, cerne le bâtiment, engage un combat à coups de couteau et de revolver avec le personnel de la prison, blesse mortellement un des gardiens, met les autres en état d'arrestation et s'empare de Riley qui, dans la bagarre, avait reçu lui-même une blessure. Extrait de sa cellule, ce malheureux est traîné par les rues, la corde au cou, jusqu'à la voie ferrée : la corde est attachée à l'un des poteaux qui bordent cette voie. Toutefois, comme le pendu lutte et s'agite dans des contorsions désespérées, on le crible de balles. Le récit se termine par la phrase suivante : « A ce moment passait un train arrivant de Marshall : la foule, excitée, tira des coups de feu sur le train pendant qu'un certain nombre de voyageurs s'étaient mis à la portière pour contempler les dernières convulsions du pendu. Quelques-uns d'entre eux furent blessés » (*several passengers were wounded*).

7 mars. — La scène se passe à San-Antonio, dans le Texas. Joe Savage, qui avait été trois fois accusé de meurtre, et qu'on soupçonnait d'avoir commis un grand nombre de vols, avait été placé sous mandat d'arrêt pour assassinat d'un respectable fermier dans le voisinage de Fort-Worth. Le constable, assisté de deux jeunes gens, le découvre dans une maisonnette de la banlieue et lui signifie ce mandat. L'inculpé, loin de prendre la chose au tragique, invite le magistrat à boire, et celui-ci se garde bien de refuser : comme il portait le verre à ses lèvres, Savage décharge sur lui son pistolet et le tue net. Bagarre et confusion : l'assassin en profite pour prendre la fuite. Un groupe d'hommes indignés se met à sa recherche et le découvre. On le traîne jusqu'à l'arbre fatal ; et comme on a sous la main, par hasard, un grand pot de pétrole américain, il est décidé qu'on en enduira ses vêtements pour le brûler séance tenante. On se met à l'œuvre en dépit des cris déchirants qu'il pousse. Les bourreaux passent la corde autour de son cou, l'attachent à l'arbre et mettent la torche en contact avec le pantalon de la victime. Après avoir contemplé pendant quelques instants une aussi curieuse agonie, ils tirent la corde, et le corps, qui flambe [10] en se tordant, est lancé dans l'espace.

14 mars. — Nous sommes à la Nouvelle-Orléans. Il s'agit du *lynching* qui va faire tant de bruit dans le monde et motiver le rappel du baron Fava, ministre d'Italie. Un *meeting* est convoqué pour dix heures, au pied de la statue de Clay. Avant l'heure indiquée, un flot de peuple se presse dans les rues voisines, et le lieu du rendez-vous est bientôt encombré : deux des principaux *leaders* du *meeting*, Parkerson et Wickliffe, apparaissent et sont accueillis par des acclamations frénétiques : « Hurrah pour Parkerson ! Hurrah pour Wickliffe ! » Trois mille hommes, sur le visage desquels on peut lire une implacable résolution, se poussent et s'entassent : la circulation est arrêtée, le silence s'établit, Parkerson a la parole. Il dénonce au peuple de la Nouvelle-Orléans « l'acte infâme » qui vient de s'accomplir à la suite du crime le plus révoltant qu'aient enregistré les annales de la cité : l'acte infâme, c'est le verdict rendu la veille par le jury de jugement dans l'affaire des Italiens qui ont assassiné Hennessy. « Je ne désire, ajoute l'orateur, ni renom ni gloire ; je ne suis qu'un simple citoyen de la libre Amérique et je veux faire mon devoir de citoyen. — Prendrons-nous nos fusils ? s'écrie un auditeur. — Oui, oui, répond vivement Parkerson, prenez vos fusils. Prenez-les et réunissons-nous sur-le-champ au Congo-Square. » Les applaudissements éclatent : la foule suit en bon ordre les *leaders*, qui marchent au but indiqué ; vers dix heures et demie, la prison de la paroisse (*Parish prison*) est cernée. On ébranle une des portes, qui paraît n'avoir pas été bien solide, avec de grosses pierres ; on l'enfonce à l'aide d'une poutre employée en guise de bélier. Tout le monde se présente pour entrer ; mais deux hommes sont placés en faction et défendent l'entrée à quiconque n'est pas armé d'un fusil ou d'une carabine Winchester. Il faut encore ouvrir une porte intérieure, et les assaillants, qui remplissent le vestibule, demandent à grands cris que la clé leur soit remise : le personnel de la prison se résigne et donne la clé. Une première cellule est forcée et quelques fusils partent à l'aventure ; mais on n'est pas encore en face de ceux qu'on cherche, et l'un des meneurs doit calmer ces gens trop pressés. De quel côté diriger la chasse ? « Dans la cour des femmes, » crie une voix perçante, et le renseignement est bon. Au moment même de l'envahissement, le personnel avait transféré les Italiens dans le quartier des femmes. « Aucune résistance, dit *la Tribune de New-York*, ne fut opposée par la police ou par le shérif à l'entreprise de la multitude, armée de fusils et de pistolets, qui ne représentait pas seulement les dernières classes de la population, mais encore les banquiers et les marchands les plus considérables de la Nouvelle-Orléans. Un wagon plein de *policemen* avait sans doute amené sur les lieux ces représentants de la loi ; mais ceux-ci, bousculés et couverts de boue, ne manifestaient pas le moindre désir de charger la foule. Les envoyés du shérif, jugeant la résistance inutile, assistèrent, les bras croisés, à l'effraction des portes. »

La chasse à l'homme va donc se poursuivre sans obstacle, et ce deuxième acte du drame nous fait frissonner d'horreur. Macheca, qu'on regarde à tort ou à raison comme le chef de la bande, s'est tapi dans un coin, poussant des cris aigus et cachant son visage dans ses mains : douze balles le frappent et l'étendent sans vie sur le sol. Au même moment, quelques-uns des assaillants entraînent hors de la prison un valétudinaire, Manuel Polietz, car il manquerait quelque chose au *lynching*, si le gros de la foule n'avait pas le spectacle d'une exécution : celui-ci est donc pendu en plein air ; mais, avant qu'il ait perdu connaissance, une douzaine de fusils se sont abaissés et le corps a été criblé de balles. Bugnetto, déjà mortellement atteint d'une balle dans la tête, est poussé dehors dans les mêmes conditions et subit le même sort. Un journal français du 12 avril a donné sur cette double pendaison de nouveaux détails : un de ces deux prisonniers (Bugnetto, sans doute) aurait été pendu trois fois : la seconde, parce que la corde avait cassé, la troisième, parce qu'il avait eu la force de se soulever par les poignets sur la nouvelle corde et de grimper jusqu'à la barre de fer à laquelle la lanterne était suspendue : ses bourreaux l'auraient fait dégringoler à coups de poing sur le pavé pour le hisser définitivement au réverbère, tandis que l'assemblée entonnait un chant triomphal. Pendant ce temps, la justice sommaire avait suivi son cours dans l'intérieur de la prison. L'officier de police Herron, resté dans ce bâtiment, avait reçu un coup de feu dans le cou : « C'est le seul, en dehors des prisonniers, dit à ce sujet *la Tribune de New-York* avec une évidente satisfaction, qui puisse avoir à se plaindre. » Le journal américain ne nous apprend pas si cet agent a survécu à sa blessure. D'ailleurs, à midi et demi, la légalité reprenait ses droits et le *coroner* arrivait sur le théâtre des exécutions pour constater la mort violente des dix Italiens : couvert d'effroyables blessures, un nommé Marchesi n'avait pas encore rendu le dernier soupir : « Il mourra dans quelques minutes, » remarqua le coroner. Le *New-York Herald* du 17 mars informa ses lecteurs que le président de la république venait d'avoir, à la suite de ces événements, une conférence avec M. Blaine, ministre des affaires étrangères ; celui-ci avait écrit à M. Nicholls, gouverneur de la Louisiane, que le chef de l'état était fort mécontent (*greatly shocked*) et regardait le dernier *lynching* comme « inexcusable. »

On aurait pu croire que le mécontentement du président Harrison et l'émotion produite dans le monde civilisé par la boucherie du 14 mars étaient de nature à calmer pour quelques semaines le zèle des *lynchers* aux États-Unis. L'événement prouva que de semblables bagatelles n'étaient pas pour décourager les amateurs d'exécutions sommaires. Dès le 27 mars, Parkerson et ses complices avaient trouvé des émules à Middlesborough (Kentucky). Le mulâtre Hunter y avait assassiné, sans motif apparent, un employé de la voie ferrée : les autorités régulières s'étaient emparées du meurtrier. Soixante hommes bien armés vinrent le réclamer et ne rencontrèrent pas l'ombre d'une résistance : Hunter fut immédiatement pendu. Le 11 avril, nouveau cas de *lynchage* à Kenton, dans l'Ohio : cette fois, c'est un *policeman*, Harper, qui passait pour avoir poignardé le nommé W. Bales : une foule organisée (*organized mob*) se dirigea vers la prison et demanda les clés, qu'on se garda bien de lui refuser. Harper fut extrait de sa cellule, et saisi par ces vengeurs de la morale outragée, qui le pendirent à l'arbre le plus proche. Quelques jours plus tard, à Charlotte, dans la Caroline du Nord, un Italien ayant été tué par un nègre, les blancs essayèrent de lyncher l'assassin, mais, par un hasard singulier, n'y réussirent pas ; toutefois les nègres tirèrent sur la milice envoyée pour les protéger ; celle-ci fit usage de ses armes et quelques blessés restèrent sur le terrain. Le *lynchage* prenait aussitôt sa revanche dans une petite ville du territoire de Washington : quarante hommes masqués réduisaient à l'impuissance le directeur de la prison locale, et procédaient à l'exécution sommaire de deux accusés qui attendaient leur mise en jugement.

Le lecteur, à la suite de ces récits sommaires, appréciera s'il est vrai que le *lynchage* soit en décroissance ou qu'un semblant de procédure garantisse les victimes contre les méprises des bourreaux. Il est inutile que nous tirions nous-même la conclusion.

Section III

On a, même en-deçà de l'Atlantique, trop d'indulgence pour ces exécutions sommaires. L'opinion publique admettait facilement, du moins avant les scènes du 14 mars, que la coutume sauvage des premiers temps se fut perpétuée, propagée même après la période de colonisation. Il faut tenir, pour juger le *lynchage* comme il doit l'être, un langage à peu près nouveau.

Toute procédure régulière a ses lenteurs. Cela peut déplaire au spectateur, qui veut arriver vite au dénouement. Mais, comme il ne s'agit pas de jouer une pièce de théâtre, l'agrément du public ne saurait prévaloir contre d'autres considérations. Celles-ci peuvent se résumer en une seule : la nécessité pour tout état organisé de rendre la justice, c'est-à-dire de frapper les vrais coupables et de ne pas condamner des innocents. Pourquoi, dans toutes les contrées civilisées, une instruction judiciaire doit-elle succéder à l'enquête préalable et sommaire faite par les officiers de police ? C'est que les officiers de police, toujours révocables et trop souvent dépendants, ne sauraient inspirer, quelques services qu'ils rendent d'ailleurs, une confiance illimitée. C'est pourquoi dans les pays latins un juge inamovible, aux États-Unis un grand jury, recueillent, concentrent, contrôlent et complètent les premiers éléments de la procédure. Quoi ! c'est dans le pays où, dès 1641, le Massachusetts érigeait en loi fondamentale, sous le nom de *corps des libertés*, les principes posés par la grande charte et garantissait par tant de sages

23

précautions la vie, la liberté, la fortune, l'honneur des habitants, qu'on enlève aux accusés la garantie élémentaire de l'instruction préparatoire ! On leur enlève ensuite toutes les garanties de la procédure orale ! Ils ne sont pas défendus ! ils ne peuvent pas même assigner un témoin qui prouverait leur innocence ! Il faut que cette inexorable justice marche et frappe comme la foudre. La pratique du *lynchage* ne permet pas même de discerner « l'identité » des inculpés : le peuple (*mob*) ne sait pas au juste s'il a sous la main ceux qu'il cherche ! Dans les scènes du 14 mars, les envahisseurs de la prison semblaient avoir d'abord perdu la tête ; ils commencèrent par tirer des coups de feu à tort et à travers et, sans l'intervention d'un citoyen qui se possédait encore, les premiers venus étaient assassinés. Ce danger devient d'autant plus grave que le nombre des gens présumés coupables est plus grand. Quand dix ou douze accusés comparaissent devant un juge, quelque enclin à la répression qu'on le suppose, il y a toutes les chances du monde pour qu'un ou deux d'entre eux soient déclarés « non coupables » et doivent l'être : dans le système des exécutions sommaires, tous les suspects sont, en un clin d'œil, jugés, condamnés et fusillés ou pendus. Les onze Siciliens massacrés le 14 mars avaient-ils participé tous, indistinctement, au meurtre de Hennessy ? Rien n'est plus douteux et j'ajoute que rien n'est moins probable. Cette justice expéditive est la suppression même de la justice.

Il faut, à tout prix, répliquent-ils, remplacer les mauvais juges. A coup sûr, mais par des juges. Si les jugements iniques paraissent être, sur presque toute la surface du territoire américain, le fruit d'une mauvaise organisation judiciaire, rien n'est plus pressé que de la corriger. Mais, il l'est beaucoup moins de supprimer les juges pour rendre la justice. Les Américains vont probablement se récrier : ces *lynchers* sont bien des juges, à les entendre ; la volonté populaire défait ce qu'elle a pu faire, elle substitue pour une heure, en vue de conjurer un péril social, de nouveaux élus à ses élus de la veille ; les uns et les autres reçoivent au demeurant la même investiture. C'est un leurre ou, si l'on veut, une illusion. Cette justice dérisoire ne peut pas même être comparée à celle des commissions qui, dans plusieurs états de l'ancienne Europe, étaient instituées pour statuer sur certains crimes, au lieu et place des tribunaux ordinaires, trop lents ou trop peu dociles. Les *lynchers* ne sont pas des juges, à un premier point de vue, parce qu'ils se mettent au-dessus des lois au lieu de les appliquer. Le lecteur sait déjà qu'ils ne pendent pas seulement les assassins, mais aussi les auteurs des crimes et délits contre la chose publique et contre les propriétés. Ces derniers ne pourraient pas toujours être condamnés à mort, si l'on appliquait le code pénal : c'est une raison de plus pour aller vite en besogne et l'on va sauter par-dessus cette barrière. L'office propre du juge est non-seulement de déclarer, mais encore de mesurer la culpabilité. Par exemple, la loi, dans le Massachusetts, dispose que les jurés doivent se prononcer sur le point de savoir s'il y a assassinat ou crime de moindre degré ; d'après le code de la Virginie, s'il s'agit, dans l'accusation, d'un assassinat, le jury peut descendre dans son verdict au meurtre et même à l'homicide par imprudence ; de blessures avec intention de donner la mort, aux coups et blessures avec intention de blesser seulement ; de vol avec circonstances aggravantes, au vol simple ; d'un crime pleinement exécuté, à la tentative. Le code de New-York contient aussi, dans cet ordre d'idées, des dispositions très complètes. Comment les *lynchers* pourraient-ils mesurer la culpabilité ? Ils ne savent pas même ce qu'ils font, ne pouvant apprécier ni la responsabilité des uns ou des autres, ni leur degré de participation au crime.

A un second point de vue, ces gens-là ne sont pas des juges, parce qu'ils n'ont ni le mandat ni l'intention de juger : ils obéissent à de tout autres mobiles. Le peuple (*mob*) est en colère ; ils sont les esclaves de sa colère. Le peuple veut se venger ; ils sont les instruments de sa vengeance. Une veuve qui possédait trente-cinq ou quarante mille têtes de bétail, et qu'on appelait pour ce motif, au Dakota méridional, « la reine des bœufs, » prétendait avoir été violée par un *cow-boy* du voisinage et l'avait fait arrêter par le shérif. L'éleveur auquel appartenait l'inculpé réunit vingt de ses hommes, les arma, leur fit boire du whisky, marcha sur la prison et fit délivrer le prisonnier. Non content de ce premier exploit, il obtint du juge, en lui mettant le revolver sous la gorge, une ordonnance de non-lieu et regagna son *ranch*, en prévenant les habitants de la ville que, à la première incartade de leurs magistrats, il agirait avec une tout autre vigueur [11]. Ce n'était pas un *lynching*, à proprement parler, puisqu'on n'avait tué personne ; mais cet acte de justice sommaire procédait des mêmes causes, et l'on avait élargi ce *cow-boy*, après boire, tout comme on l'aurait pendu. Le *ranchman* et ses gens ne se souciaient pas même d'apprendre si la plainte de la veuve était ou non fondée ; ils voulaient rattraper, celui-là son domestique, ceux-ci leur camarade. En admettant qu'il taille protéger par des mesures exceptionnelles les femmes blanches dans le sud, et les chevaux, dans l'ouest, contre des convoitises inextinguibles, se figure-t-on que les comités formés à cet effet s'abstiendront d'agir quand d'autres intérêts sont en jeu ? Le *lynchage* ne peut-il pas être mis au service de passions purement politiques ? En septembre 1856, le *Richmond Enquirer*, important journal de la Virginie, informa l'un des citoyens recommandables de l'état que, s'il continuait à soutenir des doctrines antiesclavagistes, il serait réputé traître et puni comme tel sans procès [12]. La même année, deux libraires de Mobile (Alabama) avaient mis en vente des livres contraires à l'esclavage : cinq habitants de cette ville se constituèrent en comité de vigilance et signifièrent aux deux commerçants que, s'ils n'avaient pas quitté l'Alabama dans les cinq jours, ils seraient arrêtés [13]. Ceux-ci s'enfuirent en toute hâte, préférant la ruine au *lynchage*. En juin 1858, un brave cultivateur du comté de Kent, suspect d'opinions abolitionnistes parce qu'il était abonné à la *Tribune de New-York*, fut saisi, traîné à la distance d'un mille et faillit être pendu par la populace ; on voulut bien se borner, après débat, à le dépouiller de ses vêtements en le couvrant de goudron et de plumes. Une fois lancés, les amateurs d'exécutions sommaires peuvent se proposer les buts les plus divers, et c'est ainsi que les *white caps* (chapeaux blancs), dont on parlait il y a deux ou trois ans, conçurent le projet de rétablir par les procédés les plus invraisemblables la moralité dans la vie privée. Ils sommaient, dans quelques états du Sud, les personnes soupçonnées de mener une conduite peu régulière de s'amender ou de déguerpir : si celles-ci n'obtempéraient pas, des hommes masqués arrivaient à l'improviste et fouettaient jusqu'au sang même les femmes : nouvel aspect des fonctions judiciaires et nouvelle magistrature, aux sommets de laquelle les ambitieux pouvaient monter sans diplôme et sans stage.

Il faut, qui l'ignore ? beaucoup pardonner aux démocraties. Mais je me demande très sincèrement si de tels usages ne doivent pas être considérés non-seulement comme un abus, mais comme une déviation de l'idée démocratique. Le *mob* n'est pas le vrai peuple.

La vraie démocratie consiste à faire prévaloir la volonté du plus grand nombre, même quand il se trompe, sur celle de la minorité, fût-elle la plus intelligente des minorités, mais point du tout à faire gouverner les gens qui restent chez eux par ceux qui descendent dans la rue en faisant beaucoup de tapage. Le *lynching* est quelquefois décidé dans un *meeting*, comme à la Nouvelle-Orléans, le 14 mars, mais pas toujours : il arrive bien souvent qu'un assez petit nombre de gens se concertent, s'arment secrètement, se masquent, enfoncent la prison et s'emparent des prisonniers. Sait-on si la majorité du corps électoral, réuni dans ses comices, eût approuvé que la justice régulière fût dessaisie et l'autorité publique bafouée ? la prison neuve, qu'on vient de construire à grands frais, démolie ou dégradée [14] ? Alors même qu'un *meeting* a été convoqué, comment s'assurer que son vote est l'expression de la volonté générale ? Ceux qui l'ont convoqué n'y ont sans doute appelé que leurs amis. Ne sait-on pas que, dans les périodes électorales, deux ou trois *meetings* se tiennent à la même heure, sur deux ou trois places publiques de la même ville, et votent des résolutions opposées ? On a fait ressortir, dans l'affaire de la Nouvelle-Orléans, que Parkerson, principal meneur, était le *leader* de l'*Association des jeunes démocrates* et que, après avoir rompu avec l'ancien parti démocratique (*the regular démocratie party*), il avait obtenu à la Nouvelle-Orléans la plus belle majorité dont on eût gardé le souvenir. Je ne reconnaîtrais pas même à la majorité, pour mon compte, le droit de se révolter pendant une heure contre des lois faites en vue d'un intérêt permanent, général, et d'en suspendre l'application, surtout pour mettre à mort des accusés qui n'avaient été ni jugés ni défendus. Mais il se peut, c'est bien autrement grave ! que le projet d'exécution sommaire soit l'œuvre de la minorité. Dans ce cas, c'est, à quelque point de vue qu'on se place, une faction qui bouleverse le cours de la justice et marche à l'assaut des lois. Une minorité factieuse asservissant et terrorisant la majorité, c'est la négation même de l'idée démocratique, c'est l'usurpation d'une oligarchie.

Nul ne convaincra, d'ailleurs, les parents ou les amis des gens exécutés sans forme de procès qu'on ait jugé ceux-ci pour tout de bon, et ni les *meetings* ni les journaux, ni même le verdict de non-lieu rendu par un grand jury qui ose se prévaloir de « l'opinion publique » et de « l'élan populaire, » ne leur persuaderont d'assimiler l'œuvre de la force à l'œuvre de la justice. Les vaincus gardent, en général, l'espoir d'une revanche, et la vengeance privée provoque une autre vengeance. Clodius et Milon se rencontreront au premier carrefour, et le plus vaillant ou le plus heureux couchera sur le champ de bataille. Comment n'être pas tenté d'opposer une ligue défensive à la ligue des *lynchers* ? Un parti peut bien s'effacer devant la puissance publique agissant au nom des intérêts généraux, mais disputera, les armes à la main, ses chefs ou ses soldats au parti rival. Aujourd'hui, les blancs se concertent pour pendre un nègre ; demain, les nègres s'entendront pour assommer un blanc. Bel idéal ! L'histoire du *mining-camp* [15] de *Bloody-Gulch* est particulièrement instructive. Un soldat du fort voisin avait envoyé deux balles de revolver au médecin du camp et bâtonné la directrice d'un *bar* fréquenté par les mineurs : ceux-ci, prenant fait et cause pour la dame ou pour Hippocrate, poursuivirent ce milicien brutal, l'atteignirent, décidèrent de ne pas le remettre au shérif et le pendirent à la maîtresse branche d'un gros pin qui poussait devant la porte d'une petite chapelle à l'usage des Irlandais. A la suite d'un si bel exploit, l'ordre régna pendant quelques jours au *mininig-camp*, quand on entendit tout à coup une fusillade, et deux ou trois ouvriers tombèrent : trente soldats environ s'étaient échappés du fort pour venger leur camarade, et l'on se fusilla pendant une demi-heure à cent pas de distance. C'était bien à prévoir, et personne, dans le Far-West, ne dut s'en étonner. Ce qui nous étonné, c'est l'indignation manifestée par la presse américaine contre les Italiens installés aux États-Unis, qui n'ont pas accepté de bonne grâce la tuerie du 14 mars.

Le *New-York Herald* du 17 mars nous apprend, en effet, qu'un officier de police faisant sa ronde a été tout à coup attaqué, presque renversé, *Hudson street*, au bout de la huitième avenue, par un Italien porteur d'un revolver. « Les Américains ont tué mes compatriotes, je vous tue, » aurait dit cet homme. Ce maladroit agresseur avait été garrotté par une escouade de *policemen* et conduit en prison. Cependant une feuille italienne publiée à New-York a dit la veille qu'une immense *vendetta* s'apprêtait sur toute la surface du territoire, et le journal américain lui fait observer que le peuple (*people*) de la Nouvelle-Orléans s'est prononcé, *with or without law* [16]. Cette raison ne paraît pas décisive à trois Italiens qui tentent d'assassiner le lendemain, à Chicago, M. Frank Z. Hagardon, pour avoir osé dire qu'il faudrait pendre la *Mafia* tout entière. Le 23 mars, des *meetings* italiens se réunissent à Brooklyn et à Jersey-City : on y proteste contre le *lynching* de la Nouvelle-Orléans. A Jersey-City, on organise une procession conduite par deux jeunes filles en habits de deuil ; à Brooklyn, le président de l'assemblée déclare que l'Italie doit obtenir à tout prix la punition de Parkerson et de ses complices, quand il lui faudrait engager une guerre contre les États-Unis. Le même jour, un *meeting* de quinze cents Italiens se tient à Troy, dans l'état de New-York : la salle est envahie par la foule et des coups de pistolet sont échangés. Après quoi, la police de New-York reçoit l'ordre d'arrêter la rapide organisation des Italiens, qui veulent former une ligue de revanche : les *leaders* de la *Mafia* à la Nouvelle-Orléans, L. Centenari et Malecchi, qui viennent d'arriver à New-York, sont avisés que, au premier signal donné pour fomenter une agitation, ils seront incarcérés. Cet avis n'empêche pas plusieurs réunions secrètes. Un autre *meeting* secret se tient dans la ville d'Hazleton (Pensylvanie). S'il faut en croire le correspondant du *Herald*, les Italiens présents jurent sur le stylet de leur *leader* d'immoler un certain nombre d'Américains aux mânes de leurs compatriotes (1er avril). Le lendemain, les journaux racontent qu'une vive effervescence règne à Chicago ; on y annonce un grand *meeting* de protestation pour le soir ; on y redoute une collision sanglante entre les Américains et la population italienne. Le 5 avril, c'est une série de mauvaises nouvelles : en Pensylvanie, Gabarrio, *leader* de trois cent cinquante Italiens employés près de Newcastle, a raconté, dit-on, que vingt mille conjurés peuvent se concentrer à Pittsburg et s'emparer de la ville en quelques heures ; dans la Virginie orientale, des Italiens ont tenté de faire dérailler un train ; on répand même le bruit que deux mille Italiens s'équipent, aux environs de Moundsville, dans l'intention de marcher sur la Nouvelle-Orléans. En Europe, personne n'oubliait que les Italiens n'avaient pas commencé ; mais on l'avait oublié complètement au-delà de l'Atlantique. En conséquence, après ce concert de récits belliqueux, les Américains jugèrent bon de se mettre à l'unisson ; les menaces de représailles leur parurent légitimer des représailles véritables. Le 6 avril, on empêcha seize immigrants italiens de débarquer à New-York, on les astreignit à repartir, et les journaux des États-Unis annoncèrent que des mesures sévères allaient être prises pour entraver l'immigration italienne. On commença, pour justifier ces rigueurs, à dresser une statistique des assassinats et des autres crimes commis par les membres de la *Mafia* et des autres sociétés secrètes. On alla chercher des armes dans un rapport de M. Carleton, consul des États-Unis à Païenne, sur les exploits des bandits qui avaient rançonné l'année précédente, en Sicile, un certain nombre de citoyens américains. On poussa M. Blaine à provoquer un incident diplomatique à l'occasion d'un meurtre suivi de vol commis, deux ans plus tôt, près de Willkesbarre (Pensylvanie), par plusieurs Italiens, dont deux au moins étaient allés dépenser dans leur pays la somme volée. Enfin plusieurs feuilles illustrées se donnèrent le malin plaisir de faire la caricature du roi Humbert, et l'une d'elles, paraît-il, le représenta sous les traits d'un singe.

Section IV

On sent bien, même dans les États de l'Ouest et du Sud où les exécutions sommaires sont particulièrement usitées, que le gouvernement fédéral désapprouve un semblable usage. Mais c'est à quoi, ce semble, on s'est résigné jusqu'ici sans la moindre peine. Peut-être même n'est-on pas fâché, du moins dans le Sud, de donner une leçon au gouvernement fédéral : on lui prouve ainsi, sans réplique, que les États particuliers peuvent se passer de ses conseils. Bien mieux, quand on répandit, vers le 4 avril, le bruit que les autorités fédérales allaient demander au gouverneur de la Louisiane l'arrestation des *lynchers* et leur comparution devant les juges fédéraux, certains journaux agitèrent le spectre d'une sécession nouvelle et rappelèrent que des feux mal éteints couvaient encore. Mais on n'avait pas songé jusqu'à présent que l'habitude d'envahir les prisons, de destituer les tribunaux et de pendre des accusés sans jugement pourrait provoquer des difficultés internationales quand les accusés ne seraient pas Américains. Cependant le cas n'était pas difficile à prévoir. Le moyen de faire comprendre à la foule irritée, à peu près inconsciente, que le droit des gens est en cause et que, si l'on peut prendre certaines libertés avec des compatriotes, il ne faut pas toucher aux étrangers ! Cette distinction étant beaucoup trop subtile pour le peuple (*mob*), il devait arriver nécessairement, un jour ou l'autre, qu'on touchât à des étrangers. C'est ce qu'on a fait le 14 mars, et d'une main peu délicate. Sur onze Siciliens d'origine massacrés à la Nouvelle-Orléans, quatre appartenaient à la nationalité italienne d'après la déclaration faite à Rome le 16 avril par M. di Rudini, président du conseil, s'adressant à la chambre des députés. Il était bien difficile, tout lecteur impartial en conviendra, qu'un gouvernement soucieux de sa dignité ne s'émût pas d'une exécution sommaire accomplie dans des conditions semblables, c'est-à-dire en violation de toutes les lois.

Qu'a fait l'Italie ? M. di Rudini l'a très clairement exposé dans la même séance. Il avait reçu tout d'abord du gouvernement fédéral des promesses satisfaisantes qui lui furent confirmées par le ministre des États-Unis à Rome. L'Italie, comme le président Harrison l'avait réclamé lui-même dans un télégramme au gouverneur de la Louisiane, avait demandé que les coupables fussent déférés aux tribunaux et que les familles des victimes fussent indemnisées. Cependant, comme l'effet ne suivait point les promesses, elle entendit bientôt obtenir une assurance formelle quant aux poursuites, et faire accepter irrévocablement par le gouvernement fédéral le principe de l'indemnité. Celui-ci se retrancha décidément derrière la Constitution, qui ne lui permettait pas de s'immiscer dans les affaires de la Louisiane. Le gouvernement italien répliqua qu'il n'avait pas à discuter la constitution des États-Unis, mais que son devoir était de faire respecter les principes du droit public international et qu'il ne pouvait pas admettre la théorie de l'irresponsabilité. N'ayant pas reçu de réponse satisfaisante, il enjoignit au baron Fava, son ministre, de quitter l'Amérique en laissant à Washington un simple chargé d'affaires, M. Imperiali, pour l'expédition de la besogne courante, et celui-ci reçut l'ordre de déclarer à M. Blaine que l'incident diplomatique ne serait pas clos tant qu'un commencement de poursuites n'aurait pas été exercé contre les coupables. Après avoir fait remarquer que la cause de l'Italie était celle de tous les peuples, le président du conseil dit en terminant que, s'il était impossible d'obtenir une solution favorable, de graves complications ne seraient pourtant pas à craindre ; mais le gouvernement du roi devrait déplorer que les États-Unis, si avancés dans la civilisation, méconnussent absolument des principes de droit et de justice universellement proclamés et scrupuleusement observés en Europe.

L'attitude et les déterminations du gouvernement italien furent jugés sévèrement aux États-Unis. On y éprouva même ou du moins on feignit d'éprouver une très grande surprise La presse américaine accusa d'abord le marquis di Rudini d'avoir cherché tout simplement dans l'incident de la Nouvelle-Orléans un moyen de populariser et de consolider son ministère. Le *Morning News* (Delaware) ne pouvait attribuer l'étrange rappel de M. Fava qu'à sa disgrâce, motivée par des bévues diplomatiques. Le *Post* (Indiana) déclarait la mesure à la fois agressive et folle (*both foolish and offensive*). L'*American*, de Baltimore, écrivait que l'Italie avait « insulté » les États-Unis par ce rappel et que, si elle croyait avancer ses affaires en prenant une posture menaçante, c'était pure extravagance. Le *Sun* faisait dire au comte Marizzi, consul général du gouvernement royal à San-Francisco, que, si « le baron Fava était décidément rappelé, le monde entier pourrait reprocher à l'Italie de n'avoir pas avancé d'un pas depuis le XIVe siècle. » Le *Herald* imprimait que le roi Humbert ou son premier ministre devaient être dans une situation bien fâcheuse pour prendre avec une telle hâte des résolutions aussi peu raisonnables, et n'avaient pas trouvé, sans doute, d'autre expédient pour sortir de leurs embarras intérieurs. On n'adresse des propositions semblables à celles de M. di Rudini, s'écriait l'*Evening Post*, qu'à des gouvernements semi-barbares (*semi barbarous*) tels que la Chine, la Turquie (!) ou la Russie (!). Bref, d'après la grande majorité de ces journaux, tous les torts étaient du côté de l'Italie. Simples spectateurs, nous avons tout le sang-froid nécessaire pour apprécier avec impartialité les griefs et les récriminations, les demandes et les réponses.

Ce qu'on oppose d'abord au gouvernement italien, c'est l'organisation de la *Mafia*, véritable péril social qu'il faut conjurer à tout prix. Les débris de la *Camorra* subsistent encore dans le sud de la péninsule. On juge actuellement en Sicile une société du même genre, la *Mala vita*, dont l'objet est le vol, où les soldats doivent sous peine de mort une obéissance passive aux chefs et dont les membres se lient par des serments exécrables. En Louisiane, la *Mafia* terrorise la partie la plus honnête de la population et n'est elle-même intimidée par aucune répression légale. Les Italiens qui la composent sont, au dire d'une correspondance adressée de Washington à l'*Evening Post*, les plus misérables coquins qu'on puisse trouver dans tout le pays. Beaucoup d'entre eux n'ont d'autre moyen d'existence que le crime : ceux qui s'emploient dans quelque industrie avouable éliminent ou supplantent les Américains et les Irlandais par la menace du meurtre. C'est ainsi qu'ils accaparent et monopolisent, ou peu s'en faut, l'arrimage des navires, la vente du poisson et deux ou trois autres commerces. Contrebandiers et pirates, ils font avec une rouerie sans égale le trafic des objets de contrebande et des marchandises volées. Les immigrants napolitains et siciliens sont d'ailleurs, presque toujours, des *water-dogs* [17]incomparables ; ils s'élancent intrépidement sur la mer, dans des embarcations auxquelles un Anglais ne se fierait pas : ils vont et viennent, font un commerce de troc actif et lucratif avec les îles du golfe ou même avec les Antilles, mais sans qu'on sache au juste si les fruits délicieux et les autres marchandises dont ils approvisionnent le marché de la Nouvelle-Orléans sont bien ou mal acquis. Le chef de police Hennessy connaissait à fond la *Mafia*, n'ignorait aucune de ses ramifications, possédait les antécédents de ses principaux chefs, savait exactement l'heure et le lieu des réunions, la distribution des rôles, le secret des crimes accomplis et des crimes préparés ; il osait tenir tête à cette bande de scélérats et voulait la brider : donc il est tombé sous ses coups. Ses concitoyens devaient venger cette mort : si les membres de la *Mafia* voulaient à leur tour venger les exécutions du 14 mars, « le peuple de la Nouvelle-Orléans se lèverait comme un seul homme et balaierait cette race de la surface de la terre [18]. »

Les Italiens ont beaucoup à répondre.

On peut d'abord se demander, même à ne lire que cet acte d'accusation lancé contre la *Mafia* par la presse américaine, si la haine des citoyens particulièrement honorables (on l'assure) auxquels on doit l'exécution sommaire du 14 mars est aussi désintéressée qu'ils le supposent eux-mêmes. Ces Italiens encombrent les usines, les quais, le port : ils sont les plus âpres au gain, probablement les plus sobres et peut-être, à la Nouvelle-Orléans comme sur d'autres places, empêchent-ils la hausse des salaires : navigateurs téméraires, ils bravent des dangers auxquels d'autres ne s'exposent pas : bref, leur concurrence est gênante. Le rapport du consul-général d'Italie à la Nouvelle-Orléans, reçu par M. di Rudini le 4 avril, constate en outre que la colonie italienne était très prospère avant les derniers troubles ; elle possédait 1,500 propriétés immobilières, dirigeait 3,000 magasins, exploitait un grand nombre de fermes, employait plusieurs bateaux à vapeur au transport des fruits tropicaux et des huîtres. En vérité, pouvait-on envisager tous ces gens-là comme des sicaires aiguisant leurs poignards ? ne leur devait-on pas d'autant plus des juges qu'on avait quelque intérêt à les trouver coupables ? Toutefois ces questions que se pose naturellement le premier venu, le gouvernement italien n'a pas voulu les poser, avec beaucoup de raison, au gouvernement fédéral.

Le consul-général reconnaissait lui-même, dans son rapport, qu'il y avait des repris de justice dans cette colonie. La diplomatie ne s'attardait pas à réfuter les journaux et laissait libre carrière à leurs investigations, peut-être à leur imagination. Elle aurait pu d'abord faire observer que le gouvernement royal avait des obstacles analogues à vaincre, et poursuivait lui-même, en ce moment, devant les tribunaux réguliers, 169 membres de la *Mala vita* : pourquoi les pouvoirs publics n'auraient-ils pas fait le même effort aux États-Unis ? Mais elle avait surtout le droit de demander, puisqu'on venait de massacrer quatre sujets du roi d'Italie, si l'on avait acquis, avant de les mettre à mort, la preuve de leur culpabilité. La *Mafia* pouvait avoir à se reprocher beaucoup de méfaits, sans s'être rendue coupable de ce dernier crime : elle pouvait être tout à fait capable de le commettre sans l'avoir commis. La chose valait d'autant mieux la peine d'être éclaircie que, dans l'opinion d'un certain J.-H. Moore [19], ex-lieutenant de police à la Nouvelle-Orléans, on s'était lancé sur une fausse piste en poursuivant la *Mafia*, et le meurtre de Hennessy cadet, comme celui de Hennessy l'aîné en 1872, se rattachait aux querelles suscitées vingt ans plus tôt par le *Whiskey Ring* et par le *Sugar Ring* [20], à la Nouvelle-Orléans. « Le gouvernement du roi, nous apprend le *New-York Herald* du 26 mars, sans débattre la moralité des Italiens exécutés, maintient que les prisonniers enfermés dans la prison d'un état régulier ont le droit d'être défendus et que, sans aucun doute, des prisonniers reconnus innocents par la justice régulière ne l'ont pas été. » Rien de plus simple. Ce qui peut légitimer une exécution capitale, c'est une condamnation prononcée dans les formes requises par un juge appliquant la loi. Qu'est-ce qu'une exécution non précédée d'un jugement ? Un homicide volontaire, aggravé par la préméditation, c'est-à-dire un assassinat. Il s'agit donc uniquement de savoir si, dans l'état actuel des relations internationales, une puissance, informée que plusieurs de ses nationaux viennent d'être exécutés sans jugement, a le droit de demander des poursuites effectives contre les exécuteurs et de réclamer une indemnité pour les familles des victimes.

M. Blaine a répondu, le 14 avril, par une dépêche 1res habile et très complète à la note remise douze jours plus tôt par le chargé d'affaires d'Italie au gouvernement fédéral. L'éminent secrétaire d'État fait d'abord observer qu'un traité de commerce et de navigation, du 26 février 1871, lie les deux puissances. Il ne demanderait pas mieux que d'accueillir les réclamations fondées sur une clause de ce contrat. Mais où trouver cette clause ? Le traité dit sans doute : — « Les citoyens de chacune des hautes parties contractantes recevront dans les états et territoires de l'autre la plus constante protection pour la sécurité de leurs personnes et de leurs propriétés, » et M. di Rudini se prévaudra bientôt de cette disposition dans une note adressée, le 28 avril, au marquis Imperiali. Mais cette garantie est accordée, d'après M. Blaine, à des conditions restrictives qui paraissent en annuler l'effet dans le conflit actuel : — « Les États-Unis, lit-on dans la dépêche du 14 avril, ne se sont point constitués par le traité de 1871 les assureurs de la vie ou de la propriété des sujets italiens résidant sur les territoires. » — En dépit de quelques réticences, il semble bien que le cabinet de Washington aboutisse à cette conclusion : — « Hors d'un pacte formel, nous n'avons pas de devoirs internationaux à remplir envers les Italiens. » — C'est aller vite en besogne. M. Blaine raisonne comme en matière d'extradition ; mais ne confond-il pas ainsi deux choses distinctes ?

M. Billot a très exactement défini l'extradition « l'acte par lequel un état livre un individu, accusé ou reconnu coupable d'une infraction commise hors de son territoire, à un autre état qui le réclame et qui est compétent pour le juger et le punir. » Or un certain nombre d'illustres jurisconsultes : Klüber, Martens, Fœlix, Phillimore, sir Travers Twiss, Heffter, enseignent, soit que l'extradition « n'est pas fondée dans la rigueur de la loi naturelle, » soit qu'elle est « subordonnée à des considérations de convenance et d'utilité réciproques. » En 1791, Jefferson, n'étant encore que secrétaire d'état, saisi d'une demande d'extradition, répondit : « Les États-Unis accueillent tous les fugitifs, aucun pouvoir n'a été donné à l'exécutif pour les livrer ; les lois du pays ne concernent point les crimes commis en dehors de sa juridiction, et le criminel le plus atroce qui viendrait se placer dans leur sphère d'action serait reçu comme un innocent. » Même en 1827, Henri Clay, secrétaire d'état, quand il adressait au cabinet de sa majesté britannique une demande d'extradition, faisait appel à sa courtoisie, à son esprit de justice, mais ne se fondait pas sur « un droit strict. » Le gouvernement fédéral pourrait donc, à coup sûr, en invoquant ces précédents et ces principes, repousser, sans fournir un juste motif de guerre et même sans susciter un incident diplomatique, la demande d'extradition formée par un état avec lequel il n'aurait pas conclu de traité spécial. Encore n'a-t-il pas usé de ce droit en 1860, lorsque le gouvernement espagnol, avec lequel il n'avait pas de traité, lui demanda l'arrestation d'Arguelle, un de ses fonctionnaires, coupable d'avoir vendu tout un chargement de nègres saisis à bord d'un navire qui faisait la traite : une résolution tendant à dénoncer cette condescendance du président comme inconstitutionnelle fut repoussée par la chambre des représentants à une forte majorité : « Il peut être concédé, avait dit à ce sujet le secrétaire d'état Seward, qu'il n'existe aucune obligation internationale d'effectuer cette remise, tant qu'elle n'est pas reconnue par un traité ou par une loi spéciale ; cependant une nation n'est jamais tenue de procurer un refuge aux criminels dangereux qui violent les lois de l'humanité. » Mais il ne s'agit pas, cette fois, d'une extradition, et l'on a pu, nous allons bientôt l'établir, violer le droit des gens sans violer le traité de 1871.

M. Blaine oppose encore à l'Italie la réponse faite en 1851 par le gouvernement fédéral à l'Espagne. A cette époque, l'île de Cuba avait été envahie par Lopez et ses partisans, qui y arboraient pour la seconde fois le drapeau de la rébellion. Après la défaite de l'insurrection, les troupes royales firent fusiller cinquante flibustiers nord-américains tombés entre leurs mains. En apprenant cette exécution, la population de la Nouvelle-Orléans se souleva, blessa plusieurs Espagnols, commit des dégâts dans divers établissements exploités par les Espagnols, outragea le consul espagnol, dont elle envahit le domicile, et la chancellerie. Il est certain que, dans cette conjoncture, le secrétaire d'état Webster refusa les dommages-intérêts réclamés à raison des préjudices soufferts par les simples particuliers, sujets de sa majesté catholique, et pourtant nous doutons fort (M. Blaine en doute un peu lui-même, si nous ne nous trompons) [21] qu'on puisse invoquer un tel exemple à titre de précédent. D'abord le gouvernement fédéral indemnisa le consul, à raison de son caractère officiel et parce que cet agent lui parut être plus particulièrement placé sous la protection des États-Unis. Ainsi l'exigeait, sans doute, avec une évidence invincible, la coutume internationale. Mais les États-Unis ont eux-mêmes reconnu, ce jour-là, que certains devoirs mutuels n'avaient pas besoin d'être sanctionnés par un acte écrit. Ensuite il s'agissait de dégâts commis dans une émeute, et la jurisprudence internationale, après certaines hésitations, a fini par reconnaître que les gouvernements n'étaient pas responsables des pertes subies par les étrangers à la suite de troubles intérieurs ou dans une guerre civile. Mais la note du comte de Nesselrode, qui a fixé depuis 1850 cette jurisprudence, se borne à dire : « D'après les principes du droit international tels que les entend le gouvernement russe, on ne peut pas admettre qu'un souverain, forcé par la rébellion de ses sujets de reconquérir une ville occupée par les insurgés, soit obligé d'indemniser les étrangers qui, au milieu de pareilles circonstances, ont pu être victimes de pertes ou de préjudices quelconques, » et le jurisconsulte Rutherforth a très exactement discerné, dans ses *Institutions de droit naturel*, des situations qui sont, en effet, différentes. « Une nation qui n'empêcherait pas ses sujets de nuire aux étrangers, dit-il, engagerait sa responsabilité parce que, *les nationaux étant placés sous son autorité*, elle est tenue de veiller à ce qu'ils ne portent pas préjudice à autrui. Mais une semblable négligence ne rend pas une nation responsable des actes de ceux de ses sujets qui se sont mis en état d'insurrection *et ont rompu leurs liens de fidélité* ou qui ne se trouvent pas dans les limites de son territoire. En pareille circonstance et quel que soit, en droit, le caractère qu'on veuille attribuer à leurs actes et à leur conduite, *ces citoyens cessent d'être en fait sous la juridiction de leur gouvernement.* » Les scènes de lynchage qui se reproduisent sans cesse aux États-Unis n'ont pas ce caractère insurrectionnel. La Floride, le Colorado, le Texas, la Louisiane, le Kentucky, l'Ohio, la Caroline du Nord, le territoire de Washington, etc., n'ont pas rompu depuis le 20 février les liens qui les rattachent à la patrie commune, et personne ne cesse d'y être, en fait, sous la juridiction du gouvernement fédéral. Il y a, dans tous ces états et dans bien d'autres, une usurpation tolérée et non un commencement de guerre civile. A la Nouvelle-Orléans, par exemple, Parkerson et Houston n'ont pas même eu la pensée de refuser au grand jury la liste des ligueurs qui avaient organisé le massacre : ils ont fait cette démarche avec une docilité parfaite, en se bornant sans doute à répéter le mot célèbre : *On n'oserait* ! En effet le grand jury, plus tard, n'a rien osé, si ce n'est affirmer que la spontanéité de l'élan populaire ne lui permettait pas de déterminer les responsabilités ! Mais rien n'avait été changé, dans l'après-midi du 14 mars, à la Louisiane ; il n'y avait qu'un *lynching* de plus et quelques Italiens de moins.

On débat passionnément aux États-Unis, depuis quelques semaines, la question suivante, dont on apercevra bientôt l'intérêt pratique : la loi des nations est-elle en cause ? et plusieurs jurisconsultes américains, parmi lesquels le juge Gresham, de Chicago, ont tenté d'établir qu'elle n'avait rien à faire dans le conflit actuel [22]. Tel n'est pas notre avis.

Il existe entre les nations, en dehors des traités, certains devoirs mutuels comme il en existe, en dehors des contrats, entre les individus. On a même remarqué que l'accomplissement des devoirs internationaux, au moins des devoirs « parfaits » engendrant une obligation stricte, offre un caractère particulièrement impératif parce que, à défaut d'un arbitre suprême institué pour apprécier les infractions commises, la réparation est plus difficile. Il n'est loisible à qui que ce soit, par exemple, sur le territoire d'un état quelconque, de léser les droits souverains d'un état étranger, d'insulter son pavillon, de maltraiter ses envoyés, quoique aucune stipulation conventionnelle n'ait prévu ni puni de tels actes. « L'état, remarque à ce sujet M. Calvo, n'est pas seulement obligé d'assurer l'empire de la justice entre les divers membres de la société dont il est l'organe, il doit encore et tout particulièrement veiller à ce que tous ceux qui sont placés sous son autorité n'offensent ni les gouvernements *ni les citoyens* des autres pays. » Oui, sans doute, un état peut engager sa responsabilité personnelle en tolérant des crimes ou des délits qui ne portent atteinte qu'à la sécurité, aux droits et à la propriété des *particuliers*, sujets d'un autre état, u Si vous lâchez la bride à vos sujets contre les nations étrangères, dit encore Vattel, celles-ci en useront de même envers vous ; et au lieu de cette société fraternelle, que la nature a établie entre tous les hommes, on ne verra plus qu'un affreux brigandage de nation à nation. » Vattel ajoute : « Si la nation ou son conducteur approuve et ratifie le fait de ses sujets, elle en fait sa propre affaire : l'offensé doit alors regarder la nation comme le véritable auteur de l'injure. » Le sens commun veut qu'il en soit ainsi. Quels négociateurs oseraient donc stipuler dans un traité que leurs nationaux ne seront pas exécutés sans forme de procès par des aventuriers sur le territoire d'une des hautes parties contractantes ; que les autorités locales seront astreintes soit à ne pas tolérer des exécutions semblables, soit à ne pas les approuver après les avoir tolérées ? A défaut de ces clauses, que l'une ou l'autre partie aurait rougi de proposer et dont l'insertion n'était pas possible, le devoir élémentaire des nations subsiste, parce qu'il est inhérent à la nature des choses.

S'il en est ainsi, la « loi des nations » est en cause, et personne ne peut accuser l'Italie d'avoir franchi le cercle tracé par le droit des gens en dénonçant les meurtres du 14 mars. Mais la dépêche diplomatique du 14 avril fait immédiatement observer que ces devoirs mutuels des peuples envers les peuples sont limités par un principe incontesté de droit international. Après avoir garanti la protection des personnes et des propriétés aux citoyens de chacune des hautes parties contractantes, le traité de 1871 ajoute : « Ils jouiront à cet égard des mêmes droits et privilèges qui sont ou seront accordés aux nationaux, » et cette seconde règle dominerait la première. « De quoi l'Italie peut-elle se plaindre, ajoute M. Blaine, alors que nous ne faisons aucune différence entre les Italiens et nos nationaux ? » Le prince de Schwarzenberg a dit, en effet, le 14 avril 1850, dans une note mémorable : « Quelque disposées que puissent être les nations civilisées d'Europe à étendre les limites du droit de protection, elles ne le seraient jamais au point d'accorder aux étrangers des privilèges que les lois territoriales ne garantissent pas aux nationaux, » et l'on admet universellement que les étrangers ne peuvent pas obtenir une position privilégiée. Tel est aussi notre avis, mais il est très douteux qu'on puisse vider, à l'aide de cette maxime internationale, le conflit diplomatique provoqué par les événements de la Nouvelle-Orléans. Il suffit de lire avec quelque attention la note autrichienne. Est-ce que les Italiens réclament un *privilège* refusé par *la loi territoriale* aux nationaux ? En aucune manière : ils se plaignent de ce qu'on ne leur a pas appliqué cette loi territoriale. Ils n'auraient pas un mot à dire si Parkerson et ses complices avaient procédé conformément aux lois : les hommes que l'esprit mercantile attire dans d'autres pays, leur répondrait-on, affrontent les périls auxquels les expose la législation de ces pays ; ils sont censés la connaître, et, quels qu'en soient les inconvénients, doivent les subir. Mais nous avons établi plus haut que la pratique des exécutions sommaires était en contradiction formelle avec les principes du droit anglo-saxon et les textes de la législation anglo-américaine. Peut-on soutenir que les prisonniers exécutés le 14 mars l'aient été légalement, abstraction faite de leur nationalité ? Non, sans doute. Cela suffit d'abord au gouvernement italien.

Non pas, d'après le gouvernement fédéral. Les victimes ou leurs familles n'ont pas le droit de provoquer l'intervention de leur pays, puisque les tribunaux leur sont ouverts. S'il en était autrement, elles exerceraient un mode de recours qui n'appartient pas aux nationaux, et, par conséquent, l'égalité serait rompue.

C'est ici qu'il importe d'examiner les divers modes de recours offerts par la constitution de l'Union américaine aux personnes lésées par les exécutions sommaires de la Nouvelle-Orléans. Il est d'abord aisé d'établir que, si la loi des nations est en cause, si l'offense prend un caractère international, les lois constitutionnelles elles-mêmes, dictées par la force des choses, ouvrent aux victimes des voies de recours particulières. La constitution dit, en effet (art. 1er, sect. VIII, § 10) : « Le congrès aura le pouvoir de définir *et de punir* les offenses contre la loi des nations. » Elle attribue, en outre, au congrès (*ib.*, § 18) le droit « de faire toutes les lois nécessaires et convenables pour mettre à exécution les pouvoirs ci-dessus et tous autres dont elle a investi le gouvernement des États-Unis ou une de ses branches. » C'est ainsi que les lois de 1833, de 1842 et de 1867 permettent au pouvoir judiciaire *fédéral* d'accorder le *writ of habeas corpus* aux étrangers, quand on peut invoquer dans leur intérêt une règle de droit des gens. En outre, tout *lynchage*, toute exécution sommaire semblable à celle du 14 mars viole ouvertement le 6e article additionnel de la constitution, ainsi conçu : « Dans toute procédure criminelle, l'accusé jouira du droit d'être jugé promptement et publiquement par un jury impartial de l'état et du district dans lequel le crime aura été commis. » Il appartient à *l'attorney general*, nommé par le président de la république avec l'agrément du sénat, conseiller légal du gouvernement, chargé de pourvoir à la défense des intérêts généraux, dont les pouvoirs ont été développés par l'acte du 22 juin 1870, de prendre des mesures pour que ces diverses dispositions de l'acte constitutionnel soient respectées. Il peut et doit enjoindre aux *district attorneys* de l'Union placés, sous ses ordres, près les cours de district fédérales [23], de poursuivre devant chacune d'elles les auteurs de tous les crimes commis au mépris de ces lois, et, par conséquent, des droits placés par la constitution elle-même sous la garde du congrès. C'est une garantie précieuse, en apparence, car la cour fédérale peut, sous l'impulsion du *district attorney*, accélérer la marche de la procédure sans se soucier des récriminations ou des passions locales, mettre en réquisition le grand jury et provoquer ses investigations dans les conditions les plus favorables à la répression. En fait, que s'est-il passé ?

M. Blaine nous l'apprend lui-même dans la dépêche du 14 avril : « Aussitôt après les lamentables événements de la Nouvelle-Orléans, dit-il, le président de la république enjoignit à *l'attorney general* d'ouvrir une enquête et le pria de lui faire savoir si, dans son opinion, des poursuites criminelles pourraient être dirigées devant les cours fédérales, en vertu des lois fédérales, contre les personnes auxquelles on reprochait d'avoir tué les sujets italiens. *Il n'a pas encore reçu de rapport officiel.* Si l'on arrive à penser qu'une poursuite peut être exercée conformément au statut fédéral (*maintained under the statutes of the United States*), l'affaire sera soumise au prochain grand jury, selon les règles qu'on suit, en pareil cas, pour l'administration de la justice criminelle. » Ainsi, dans de telles circonstances et malgré l'urgence manifeste, *l'attorney general* se taisait depuis un mois, et M. Blaine ajoutait d'ailleurs que, selon toute probabilité, la procédure serait exclusivement suivie devant les cours d'état, c'est-à-dire devant les juges locaux de la Louisiane. Cette réponse n'était pas encourageante et ne pouvait guère, on en conviendra, satisfaire l'Italie. Qu'espérer ? Le consul-général d'Italie à la Nouvelle-Orléans assure, dans son rapport au gouvernement royal, que, le jour même du massacre, les autorités locales avaient été prévenues du complot ourdi contre les prisonniers et déclare être allé voir lui-même le syndic pour le supplier de prendre des mesures sans pouvoir obtenir une réponse favorable ; pendant le massacre, on l'a vu, les agents de la force publique se croisent les bras ; trois jours après le massacre, on lit dans le *New-York Herald* : « L'état de l'opinion à la Nouvelle-Orléans permet difficilement de supposer que les *lynchers* répondent de leurs crimes devant les tribunaux. » En effet, tout le monde sait d'avance que l'instruction se poursuit pour la forme et que, malgré l'évidence, les meurtriers ne seront pas mis en accusation. L'Europe apprend enfin avec indignation, mais sans surprise, que le grand jury de la Nouvelle-Orléans a refusé de les mettre en accusation, sous prétexte que le jury de jugement n'avait pas fait son devoir dans le procès criminel intenté contre les assassins de D. Hennessy et que l'élan spontané de l'opinion populaire à la Nouvelle-Orléans, pendant la journée du 14 mars, est un obstacle à la détermination des responsabilités. Or la première de ces propositions n'est pas soutenable : quand le jury de jugement aurait méconnu ses devoirs dans une affaire, en quoi cela dispense-t-il le jury d'accusation de remplir les siens dans l'autre ? Mais que penser de la seconde proposition ? D'abord la justice est instituée pour redresser, non pour suivre aveuglément l'opinion populaire ; ensuite il est faux, absolument faux, que la détermination des responsabilités soit impossible ou même difficile. Les organisateurs du *lynching* ont donné leurs noms, hautement avoué leurs exploits : « Tout l'univers les sait ; eux-mêmes en font gloire. » Le gouvernement italien a donc quelque raison de croire qu'on lui répond par un déni de justice.

M. Blaine fait sans doute observer à l'Italie que les familles des victimes peuvent saisir les tribunaux civils, comme le feraient en pareil cas les nationaux, d'une demande en dommages-intérêts. Elles ont même, il le reconnaît volontiers, une prérogative qui manque aux nationaux, tant il est vrai que, dans l'esprit même de la constitution américaine, le droit des gens ne refuse pas aux sujets étrangers domiciliés sur le territoire d'une puissance dont ils ne ressortissent pas, certaines garanties indépendantes de la loi territoriale commune ! Ces demandeurs peuvent, en leur qualité d'étrangers, par application de l'acte constitutionnel (art. 3, sect. II), s'adresser aux tribunaux fédéraux. Mais, outre que le sang ne se paie pas toujours avec de l'or et qu'une simple réparation pécuniaire ne suffit peut-être pas à venger certaines offenses, a-t-on réfléchi que, même devant les tribunaux fédéraux, la question de fait serait encore, si nous ne nous trompons, résolue par un jury [24] ? Qu'attendre, par exemple, d'un verdict du jury tranchant une question de fait agitée devant la cour de district (fédérale) de la Louisiane ? Alors même qu'on saisirait la cour suprême, les défendeurs étant citoyens des Etats-Unis, il faudrait encore, si nous entendons bien l'article 689 des *Revised statutes of the United States*, que les questions de fait fussent résolues par un jury ! Que d'obstacles à la réparation définitive, même purement pécuniaire ! Depuis que le fantôme de l'instruction criminelle s'est évanoui, la perspective lointaine de cet autre recours théorique, probablement illusoire, peut-elle suffire au gouvernement italien ? On comprend qu'elle ne lui suffise pas. Les événements mêmes de la Nouvelle-Orléans, la complaisance ou l'inertie des autorités locales, les hésitations et les lenteurs des autorités fédérales, le verdict du grand jury et les motifs consignés dans le rapport qui l'a préparé paraissent justifier une tentative de redressement par la voie diplomatique. Le gouvernement du roi Humbert a pu légitimement soutenir, à la suite d'assassinats commis sur des sujets italiens, qu'il n'avait pas trouvé de justice organisée non-seulement pour venger une atteinte au droit des gens, mais encore pour réprimer une violation flagrante de la constitution américaine (sixième article additionnel) et qu'il était devenu par la force des choses l'unique protecteur de ses nationaux. Quand la justice s'effondre, il faut bien que l'action diplomatique commence.

Il y a là, sans doute, une difficulté qui peut embarrasser le président de la république et ses ministres. Mais elle est, ce semble, d'ordre purement administratif. Il faut bien que les gouvernements lésés dans de telles conditions trouvent quelqu'un à qui parler. Il en doit être ainsi surtout dans les rapports des puissances européennes avec les États-Unis, république fédérative dans laquelle, aux termes mêmes de la constitution (art. 1, sect. 10), aucun État particulier ne peut, sans le consentement du congrès, « contracter quelque traité ou union avec un autre État ou puissance étrangère. » Comment admettre que les pouvoirs fédéraux soient les seuls organes de ce grand peuple toutes les fois qu'il s'agira de porter une de ses réclamations à quelque autre puissance et se dérobent derrière l'omnipotence des législatures locales quand celle-ci réclamera pour son compte ? Il y a dans cette situation équivoque et fausse le germe de grands embarras, peut-être un péril international. Le gouvernement qui réside à Washington peut seul représenter la république dans ses relations et dans ses conflits avec les autres peuples ; tel est bien, au surplus, le rôle que la constitution lui donne. Si, pour s'acquitter efficacement de cette tâche, il doit resserrer les liens qui le rattachent aux États particuliers, qu'il les resserre soit en usant de ses droits jusqu'au bout, soit en tirant des textes constitutionnels, avec l'aide du congrès s'il le faut, toutes les conséquences qu'ils impliquent. Le moment est venu.

Notes

1.   Voir les actes du congrès du 3 mars 1833, du 29 août 1842 et du 5 février 1867.

2.   Il existe toutefois une procédure exceptionnelle (information), d'ailleurs exclusivement applicable, d'après le droit commun, aux common misdemeanors, qui se poursuit sans le concours du grand jury. En outre, un très petit nombre de constitutions (voir celle de l'Indiana, art. 7, et de l'Illinois, art. 2) autorisent les législatures des États particuliers à supprimer le grand jury. On trouvera d'intéressants détails sur cette matière dans la République américaine, de Carlier, t. IV, p. 190 et suiv.

3.   Voir Carroll, History of South Carolina, t. Ier, p. 127.

4.   On désignait, dans la vieille Angleterre, une coutume analogue sous le nom de Lidford law.

5.   « Dans les États du Sud, écrivait M. Cartier en 1862, l'homme de couleur, libre, n'est guère mieux traité que l'esclave… Est-il accusé d'un crime ou d'un délit ? il n'a droit généralement à d'autres juridictions que celles créées pour l'esclave, et il est passible

de peines analogues à celles édictées contre celui-ci, à quelques variations près. »

6.   « Lorsque quelque noir a été arrêté sous l'inculpation d'un crime qui soulève l'indignation des blancs, dit M. Gaulier dans ses Études américaines (Paris, Plon, 1891), ceux-ci se réunissent, se masquent le visage et se rendent à la prison. Là on somme le geôlier de délivrer le coupable, on le prend de gré ou de force, on le pend au premier arbre. Cette justice sommaire s'exécute surtout envers les nègres qui ont outragé la femme ou l'enfant d'un blanc : ce cas se présente constamment. »

7.   En général, il faut que l'accusation réunisse au moins douze voix. La constitution de l'Orégon n'exige que la majorité simple (5 sur 9.)

8.   Motivée par quelque erreur tout à fait substantielle relevée par le greffier au cours de l'instance.

9.   Sorte de recours en cassation contre le jugement de la cour pour fausse interprétation de la loi.

10.   Lighting up the surrounding country, dit le texte américain.

11.   De Mandat-Grancey, la Brèche aux buffles, p. 74.

12.   The New-York evening Post, 23 septembre 1856.

13.   New-York Tribune, 19 août 1856.

14.   Cf. sur la peur qu'a le shérif de voir sa prison neuve démolie par les lynchers, de Mandat-Grancey, la Brèche aux buffles, p. 275.

15.   Agglomération de baraques en bois et de tentes où logent des mineurs. (Voir de Mandat-Grancey, la Brèche aux buffles, p. 211).

16.   Avec ou sans le concours des lois.

17.   Mot à mot : « chiens allant à l'eau. »

18.   New York weekly Post, 18 mars.

19.   The New-York weekly Post, 18 mars.

20.   Voir, en ce qui concerne les Rings aux États-Unis, notre étude sur la Magistrature élue, publié dans la Revue du 1er août 1882.

21.   La dépêche du 14 avril signale très loyalement diverses

particularités qui distinguent ce conflit du conflit actuel.

22.   New-York weekly Post, 1er avril.

23.   D'après les derniers documents que j'ai consultés, les États-Unis sont divisés en soixante-deux districts judiciaires ; mais le nombre de ces districts s'accroît au fur et à mesure des besoins de la justice.

24.   Toute question de fait agitée devant une cour de district doit être décidée par un jury, excepté dans les causes d'Equity ou de juridiction maritime et d'amirauté. Or, en général, l'Equity ne régit que les procès suscités par une question de propriété. Dans certains états, il est vrai, les parties peuvent écarter le jury civil, même quand il s'agit d'appliquer la common law, mais seulement d'un commun accord.

ISBN : 978-1721548163

www.ingramcontent.com/pod-product-compliance
Lightning Source LLC
Chambersburg PA
CBHW051336220526
45468CB00004B/1670